Lučijan Blaga
BOŽJA SENKA

REČ I MISAO
KNJIGA 462

Izbor, prevod i pogovor
PETRU KRDU

FOND
Madlena
Janković

pomogao je objavljivanje ovog kola biblioteke
„Reč i misao“, od kojeg hiljadu dvesta primeraka knjiga
poklanja bibliotekama Srbije

LUČIJAN BLAGA

BOŽJA SENKA

IZDAVAČKO PREDUZEĆE „RAD"
BEOGRAD

Zaustavi prolaznost. Znam: gde nema smrti,
nema ni ljubavi. Al' ipak, molim te: zaustavi,
Bože, časovnik kojim meriš naše raspadanje.

Lučijan Blaga: VELIKA PROLAZNOST, 1924.

BIOGRAFIJA

Ne znam ni kada ni gde sam izašao na svetlost,
iz senke u iskušenju sam da verujem
da je svet pesma.
Tuđe se osmehujući, začaran, penjući se
u središte njegovo ispunjava me čuđenje.
Katkad kazujem reči koje me ne obuhvataju,
katkad volim stvari koje mi ne daju odgovor.
Oči su mi pune sanjanih dela i vetrova.
Hodam kao i drugi:
čas grešan po krovu jada,
čas bezgrešan po planini pod krinovima.

Zatvoren, u krugu istog ognjišta,
razmenjujem tajne s precima,
narod ispran vodama ispod kamenja.
Svečeri se dogodi da jedva čujem
kako se u mene slivaju
priče krvi davno zaboravljene.
Neka su blagosloveni hleb i mesec.
Danju živim rasut u oluji.

Pogašenim rečima
pevao sam i još pevam o velikoj prolaznosti,
o snu sveta, o anđelima od voska.
Ćuteći prebacujem svoju zvezdu, poput tereta,
s jednog ramena na drugo.

BLAGOVEST

U ovoj dugoj, beskrajnoj noći,
jedna žena hoda pod niskim nebom.
Ona razume manje od ikoga
čudo koje se dogodilo.
Ona čuje sunca koja pevaju, ona pita,
pita i ne razume.
U njenom telu leži, zatvoreno kao u blagoj
tamnici, dete.
Devet puta se okreće mesečev kolut
oko deteta.
Ono ostaje nepomično i raste u čudu.
. . . .
U novoj noći bez kraja
pastiri čuvaju rađanje nebeskih znakova.
Idem među njih da izvestim:
Zakoljite svoju jagnjad na krstu
u spomen žrtve koja će se počiniti.
Ustanite pored vatre
u kožusima vunenih plamenova.
Uzmite baklju koju sam zapalio
o zvezdu koja se spušta
nad jasle što su ih volovi oglodali
i pružajte je dalje
iz ruke u ruku.

Uskoro, čovekov sin tražiće mesto
da položi glavu,

naslonivši je poput vas
na kamenje ili na usnule pse.
Uskoro, rane nošene našim dolinama
izlečiće se
zatvarajući se kao cveće u tami.
Uskoro će bele noge
hodati preko voda.

VELIKA PROLAZNOST

Sunce u zenitu kantar dana drži.
Nebo se daruje donjim vodama.
Prolaze životinje razumnih očiju,
bez straha svoje senke u koritima gledaju.
Lišće se duboko nadsvođuje
ponad cele priče.

Ništa ne želi da bude drugo nego što jeste.
Samo moja krv šumama doziva
daleko detinjstvo,
kao stari jelen
srnu, izgubljenu u smrti.

Možda je nestalo pod stenom.
Možda je u zemlju potonulo.
Zaludno vesti očekujem,
samo pećine odjekuju,
potoci se traže u dubini.

Krv bez odgovora,
o, kad bi tišina postojala, kako bi se jasno čuo
hod srne u smrti.

Sve dalje dvoumim se drumom –
i poput ubice koji maramom zatisne
pobeđena usta,
pesnicom zatvaram sve izvore,
da zasvagda ućute,
ućute.

PISMO

Možda ti ni sada ne bih pisao ove redove,
ali petlovi se triput oglasiše u noći –
i trebalo je da povičem:
Gospode, Gospode, koga sam se odrekao?

Stariji sam od tebe, majko,
i onakav kakvog me znaš:
malo povijen u ramenima
i nadvijen nad pitanjima sveta.

Ne znam ni danas zašto si me na svetlost poslala.
Samo da lutam između stvari
deleći pravdu i kazujući
koja je istinitija, a koja lepša?
Ruka mi se zaustavlja: premalo je.
Glas mi se gasi: premalo je.
Zašto si me poslala u svetlost, Majko,
zašto si me poslala?

Moje telo pada pred tvoje noge
teško, kao mrtva ptica.

S NEBA JE STIGLA LABUDOVA PESMA

S neba je stigla labudova pesma.
Slušaju je lepote devojke hodajući bose
po pupoljcima. I svuda je čujemo ti i ja.

Kaluđeri su zatvorili svoje molitve
u podrumima zemlje. Sve su utihnule
umirući pod rezom.

Mi krvarimo iz ruku, iz misli i očiju.
Uzalud tragaš za onim u šta bi verovao.
Zemlja je prepuna zuja tajni,
odveć blizu petama,
odveć daleko od čela.
Gledao sam, hodao sam, i eto pevam:
kome da se klanjam, čemu da se klanjam?

Čoveku je neko zatrovao bunare.
U neznanju nakvasio sam ruke
u njihove vode. I sada vičem:
O, nisam više dostojan
da živim među voćkama i među kamenjem.
Stvari male,
stvari velike,
stvari divlje – ubijte mi srce!

SLEDITE ME, DRUGOVI

Mojim prijateljima

Dođite mi, drugovi! Jesen je,
zrije
pelen u zrnima grožđa
i otrov u grlu poskoka.

S kikotom želim danas da nazdravim
u čast mog divljeg čuda, koje odlazi
ostavljajući me samog,
plačnog,
s vama,
i s jeseni.

Dođite bliže! Ko ima
uši za slušanje, neka čuje:
bolovi su duboki samo kad se smeju.
Znači, nek se čemer smeje u meni danas,
gorčina
u grohotima nek baci svoju čašu u oblake!

Dođite, drugovi, da pijemo!
Ha, ha! Šta tako čudno bleska nebom?
Da li je to mesečev rog?
Ne, ne! To je srča zlatnog pehara,
kojeg o nebeski svod razbih
gvozdenom rukom.

Pijan sam i hoću da odbacim sve što je san,
sve što je hram i oltar!

Dođite, drugovi! Sutra umirem,
u nasledstvo vam ostavljam
moju prelepu lobanju, da iz nje ispijate
čemer
kada se zaželite života
a otrov
kada odlučite da me sledite! – sledite me drugovi!

TIŠINA

Tolika je tišina unaokolo da mi se čini
da čujem kako se mesečevi zraci odbijaju o okna.

U grudima
mi se probudi nepoznati glas,
pesma u meni peva o čežnji, koja nije moja.

Kažu da preci, prerano umrli,
sa još mladom krvlju u venama
i velikim strastima u krvi,
sa živim suncem u žudnjama,
dolaze,
dolaze da u nama
žive
svoj neproživljeni život.

Tolika je tišina unaokolo da mi se čini da čujem
kako se o okna odbijaju mesečevi zraci.

O, da li ćeš ikada –
dušo u nedrima opevati tokom vekova
na slatkim žicama mira,
na harfi od tmine – ugušenu čežnju
i slomljenu radost života? Ko zna? Ko zna?

STALAKTIT

Tišina je moj duh –
skamenjen stojim i miroljubiv
poput askete od kamena –
i čini mi se
da sam stalaktit u ogromnoj pećini,
gde je svod nebo.
Tiho,
tiho,
tiho – kapi svetlosti
i kapi mira – padaju neprekidno
s neba
i okamenjuju se – u meni.

DUŠA SELA

Devojko, položi ruke na moja kolena.
Ja mislim da je večnost rođena u selu.
Tu je svaka misao usporena
i srce ređe udara
kao da ti ne bije u grudima
već negde duboko u zemlji.
Tu se leči žeđ za izbavljenjem:
ako ti noge krvare,
sedi na glineni nanos.

Gle, veče je.
Duša sela leprša kraj nas
kao sramežljiv miris pokošene trave,
kao padanje dima sa slamnih streha
kao igra jarića po izdignutim humkama.

TRANSCENDENTALNI PEJZAŽ

Apokaliptični petlovi još se oglašavaju
i dozivaju rumunskim selima.
Noćni bunari
otvaraju oči i slušaju
mračne vesti.
More, poput vodenih anđela,
izbacuje ptice na kopno.
Na obali – s tamjanom u kosi –
Isus na krstu krvari
iznutra
iz sedam reči.
Iz usnulih šuma
i drugih crnih mesta
životinje rastu u oluji
izlazeći krišom da popiju
mrtvu vodu iz žljebova.
Odenuta žitom, zemlja
gori u mišljenju valova.
Krila k'o zvona legendi,
hrle uplašena preko reke.

Vetar u naletima
lomi u šumi grane i jelenske rogove.
Hiljade zvona, ili su to, možda, kovčezi,
pevaju pod travom.

ZNAKOVI

Golubovi-proroci peru
od čađi pocrnela krila
u gornjim kišama.
Ja pevam –
to su znakovi, znakovi za odlazak.

Iz zemaljskih gradova
bele devojke će krenuti
visokim pogledima ka planinama.
Nagi mladići će poći za njima
ka divljim suncima
i sve što je telesno i ljudsko počeće
ponovo da uči
zaboravljene priče krvi.

Zapečatio sam kuću voskom,
da ne kasnim više
gde igre i raspinjanja
ne stupaju više ulicama
bez ikakvog ljudskog lelujanja
iz veka u vek pod svodovima.
Mostovi će zaćutati.
Iz zvona će brujati zanos.
Iz dalekih divljina, s velikim zvezdama,
samo će srne prodreti u gradove
da pasu retku travu pod pepelom.

Pitomi jeleni krupnih očiju
ući će kroz otvorena vrata
u stare crkve
i začuđeno gledati uokolo.
Odbacite mrtve rogove
vi, drevni jeleni,
kao što voćke stresaju požutelo lišće,
a potom odlazite:
ovde je zemlja otrovana,
ovde su kuće nekada pokušale
da ubiju ljudske potomke.
Otresite zemlju sa sebe
i idite
jer eto – ovde je ludo vino života
iscurelo u pepeo,
a svaki drugi put vodi u priču,
u veliku, veliku priču.

BOŽJA SENKA

Božja senka je do kraja vidika,
u prostoru se razdvaja i stapa,
ona je zemlja, sprud, i val,
sjedinjeni putnik i put,
bunar koji mesecu pruža utočišta.
Božja senka buja od svetla,
teža od drugih senki ne izmiče.
Može da se sklopi kao vrt i njiva,
tek s gutljajima vode ona ističe.

KOLEVKA

Gospođi Euđeniji Bredičanu

Tako sam bio umoran
i ispunjen patnjom.
Mislim da sam patio od suviška duše.

Po bregovima zore su otvarale kapke
i oči pocrvenele od nesna.

Izgubljen – pitao sam:
Sunce,
zar se još ludo raduješ
rađanju?

Tog jutra bez sna
obilazeći olovnim koracima
skriveni kutak, naišao sam na kolevku.
Pauci su tkali po njoj svoje malene svetove
a potkornjaci mleli tišinu.

Pogledao sam je i potpuno shvatio:
to je kolevka u kojoj je danas ruka koju je
moja sudbina učinila starom
uljuškala
moje prvo sanjanje i možda prvi san.

Prstima uspomena
dodirivao sam
lagano,
lagano,

prošlost kao slepac
ne shvatajući zašto sam propao
i grohotom
zaplakao nad kolevkom.

Bio sam premoren
od proleća,
ruža,
mladosti
i smeha.
Buncajući tražio sam se u staroj kolevci
s rukama na sebi
– kao dete.

LOT

Video sm mnoga teška dela
kako obeščašćuju svetlost i vetar,
neshvaćene običaje i igre vatri u tvrđavi.
Goli, u zelenim jezerima, poput zarđalog bakra,
Video sam ljude kako ljube posrebrene labudove.
Video sam, užasnut, na kapiji
plesačice kako pokreću lavinu
za vojvode dugih noktiju –
i video sam sveštenike kako napijaju prosjake
vinom u kome su okupani mrtvaci.

Video sam žene kako sagorevaju svoje seme u plamenu
njihova namena bačena između dveju večnosti kao

                                                  ruganje,
njihove grudi zreli plodovi bez mleka,
njihovo disanje ubija pčele i trave.

Video sam providne goste u predelu krvi
decu koja bi da se rode ali ih ne primaju
(ako zapušiš uši
čuješ u sferama njihovu gorku žeđ,
gluvo žuborenje na prozorima sveta
i njihovu pesmu olakšanja
kada nađu ulaz
u voćke, pse, ptice.)
Čuo sam mnoge teške reči
kako ruže svetlost i vetar.

Ah, sinovi tvrđava, vi verujete
da niko, nikada, nije video sunce
i da je čista svetlost samo priča.
Vaša pitanja komešaju dubine,
kamenjem ranjavali oči bunara bez odgovora
a iz njihovih tišina neodgonetale iznenadni kraj.

Ah, sinovi tvrđava, svojim delom
osporavate zemlji nebesko poreklo.
Anđele, koji su stigli sa proskurama, niste ugostili,
njihova krila od praha niste izbrisali
već ste ih nagrdili čupajući im iz krvi perje,
i okićeni njime, igrate, igrate,
u žutoj blizini ukletih teladi.

Sedam dana neće proći, sedam dana neće proći.
Avaj meni, moram da čekam.
Udaviće se u moru
stada ovaca i ugalj za ognjište.
Čujem svoje pse kako laju u morskim dubinama.
Avaj meni, Bože, moram da ćutim
kada se oljuštim.
Gledajući unazad
moja će se žena pretvoriti u stub soli.

RODITELJI

Spuštaju se u ilovaču, jedan po jedan,
dok se u nama vrtovi rascvetavaju.
Oni žele da postanu korenje
na kojem mi produžavamo da živimo.

Prostiru se, mirno, roditelji ispod kamenja,
a mi u svetlosti čekamo,
i sreću razmenjujemo
i patnje i živu vodu na ognjištima.

IZGUBLJENI HORIZONT

Kada ti godina nije povoljna
okreneš se i pomiriš sa senkama.
Negde u prošlosti iskrsne prag.
Veoma su blizu jedno drugom,
pod plavim krugom, u Lankramu, stoje
jedno uz drugo dušmanski, dan i noć.

Polako se, tamo, jedinka prepl, iće sa zakonom.
Prirodno pored ognjišta se vezuju
u vremenu junaštvo i sudba,
i preliva se bol u viši smisao vo vjeki vjekov.
Još su žive majke. Tamo tužno nariču u paganskoj
                                        žalosti,
suze liju u zemlju,
lasta i sada uzima u kljun mulj
da bi pod strehom sagradila svoj dom.

BLAGOVESTI ZA JABUKOV CVET

Raduj se, cvete od jabuke, raduj se!
Eto, pred tobom zlato razvejava se
kao oblak u vazduhu!
Šiknu vlati kao iz povesma
odasvuda i niotkuda! Niko živ
ne pita. – Polen što pada u čaše
kao žar ga trpiš
svo cveće, u slatkom stradanju
preko mere
i preko naših damara.
Raduj se, cvete, kao različak
i urazumi se!
Ne mora svako
da zna ko donosi i razvejava oganj.
No gledaj, ja sam arhangel, a ti si cvet,
i ako me pitaš, ne mogu da ćutim
i da zatežem svoj pojas.
Ko ga nosi, žega, zemljotres? Eto,
vetar je to i niko drugi. Vetar,
taj nevidljivi vojvoda
bez tela, bez ruku,
ovih nedelja.
Raduj se cvete od jabuke
i ne plaši se ploda!

SAN

Vascela noć. U travi zvezde plešu.
Puteljci se povlače u šumu i pećine,
šumar je onemeo.
Sive sove se kao urne po jelama smeštaju.
U tami, bez svedoka,
smiruju se ptice, krv, zemlja
i pustolovine kojima se zauvek vraćaš.
Duša istrajava, ćarlija,
bez danas,
bez juče.
Grubim zvonima kroz drveće
huje vreli vekovi.
U snu, moja krv kao val
povlači se iz mene
natrag, u roditelje.

PERSPEKTIVA

Noć. Pod sferama, pod ogromnim,
monade usnule.
Stešnjeni svetovi,
suze bez zvuka u prostoru,
monade spavaju.

Micanje njihovo – pohvala snu.

TRI LICA

Dete se smeje:
„Igra je moj razum i moja ljubav!"
Mladić peva:
„Ljubav je moja igra i moj razum!"
Starac ćuti:
„Razum je moja ljubav i moja igra!"

MI, GUBAVI PEVAČI

Sagoreli unutrašnjim ranama prolazimo stolećem.
S vremena na vreme podignemo oči
ka vrbacima raja,
a potom zagnjurimo glave u još veću tugu.
Za nas je nebo zaključano; zamandaljene su tvrđave.
Uzalud srne piju vodu iz naših ruku,
a psi se uzaludno klanjaju,
nema nam spasa u podneva noći.
Prijatelji, koji stojite pored mene,
Zagrejte ilovaču vinom,
bacite poglede po stvarima.
Mi smo samo pesmonosci
pod crnom zemljom visina,
mi smo samo pesmonosci
pred zaključanim kapijama,
ali će naše kćeri roditi Boga
tu gde nas danas samoća ubija.

HRAST

U bistrim daljinama iz pluća tornja čujem
kako zvono poput srca otkucava
i u slatkim zvucima
čini mi se
da mi kapi tišine teku kroz vene umesto krvi.

Hraste, na rubu šume,
zašto me mir pobeđuje
svojim mekim krilima,
dok počivam u tvojoj senci
i maziš me razigranim lišćem?

O, ko zna? – Možda će mi
od tvog stabla uskoro isklesati
mrtvački kovčeg
a tišinu
kojom ću se naslađivati među njegovim daskama
osećam, izgleda, već sada:
osećam kako mi tvoje lišće kaplje u dušu –
i zanemeo
čujem kako u tvom stablu,
u svakom trenutku koji prolazi,
raste mrtvački kovčeg,
moj mrtvački kovčeg,
hraste na rubu šume.

NEPOZNATOJ DEVOJCI NA KAPIJI

Ne opiri se. Moraš preuzeti ovu brigu:
u ovoj kapiji, gde sam dospeo prešavši dolinu,
da budeš čuvar mog detinjstva. Detinjstva
koje još nosim u sebi.
To je jedino dobro, izvor svega, u svim godišnjim
                                        dobima,
kroz sve godine, na svim stranama sveta.
Čuvaj ga, pazi da ne presuši izvor
na kraju ovog vremena,
ostavljen nazad između cveta i ploda.
Pobrini se da se ne ugasi tajna malog požara
skirvenog u srcu jesenje perunike.

Imao sam i ja, davno, sunčevim koprivama opaljena
                                        leđa
i bosa stopala. Podsećam te na davno ugašene dane,
ali nemoj misliti da sam proveo detinjstvo
preskočivši nekada ogradu. Ne, detinjstvo je još tu.
Moje detinjstvo je tu i danas.
Preskočim li kapiju jeseni
do koje stigoh, detinjstvo će preskočiti zajedno sa
                                        mnom
zbijeno u mojim venama i opaljenim pesnicama.
Treba samo malo da mi pomogneš
svojim osmehom ili valom lepote
što ti zapljuskuje obraze.

Ne čudi se mojim rečima. Na slepoočnicama,
zapravo, imam nekoliko sedih vlasi,
i nekoliko misli spuštenih u boru na čelu.
Ti izazovi samo u trenu milostivu iskru
koja tinja na ognjištu,
iskru što smeje se i beži,
pupoljak svetlosti
koji gori u krvi poput pčeline smrti.

Da li je ta kapija doista ovde? Ta siva kapija
koju ne želim da imenujem?
Zaustavi me, da još ne uđem. Ne želim zalazak.
Zaštiti me, da se prerano ne ispunim,
da ne umrem pre smrti.
Ali evo pitam se: Ti, devojko na kapiji,
ti – ko si?
A ako nisi,
gde si i kakva ćeš biti?

REČ IZNAD POSLEDNJE KAPIJE

Prolazniče, ovu zemlju i ploče,
neka misao tvoja blagoslovi.
Sahranjena nebesa,
svi grobovi jesu.

ZODIJA RAVNOTEŽE
(U safijskom metru)

Pravedan, dan Ravnoteže iznenađuje nas
među ružama: na groblju, gde
katkad ljubav osunča
          belo kamenje.

Sve mirno ide ka ravnoteži.
Dan i noć upregnuti u jaram
vuku vreme mudro pokušavajući
          da ujednače korak.

Meri se, vaga se prinos
ilovače, san i senka leta,
i teret uspomena
          svakog stvora.

Ako su istinite priče
da nemerljivo živimo
može li se reći da je telo
          teret?

Teška je samo duša, a ne prah.
Jer naš pepeo, voljena, može
biti izvagan sa nekoliko ruža.

AUTOPORTRET

Lučijan Blaga je nêm kao labud.
U njegovoj zemlji
sneg bića zamenjuje reč.
Njegova je duša u traganju,
nemom i vekovnom,
oduvek,
i do beskraja.
On traga za vodom iz koje duga se napaja.
Za vodom
iz koje duga
ispija svoju lepotu i nebiće.

JOVAN SKONČA U PUSTINJI

Gde si Elohime?
Svet je iz tvojih ruku odleteo
kao Nojev golub.
Možda ga i danas čekaš.
Gde si Elohime?
Hodamo nemirni i bezvoljni,
uhodimo te među stihijama noći,
ljubimo u prahu zvezdu pod petama
i raspitujemo se za te – Elohime!
Besani vetar zaustavljamo
i kušamo te nozdrvama
Elohime!
Neznane zveri u prostorima zaustavljamo
i pitamo ih za te Elohime!
Do poslednjih vidika gledamo,
mi sveci, mi vode,
mi lopovi, mi kamenje,
put povratka više ne znamo
Elohime, Elohime!

HOĆU DA IGRAM

O, hoću da igram kao što nikada nisam!
Da se Bog ne oseća
u meni
kao rob u tamnici – okovan.
Zemljo, krila mi podari:
strela želim da budem
da beskrajnost rasporim,
da vidim u blizini samo nebo,
iznad sebe nebo,
ispod sebe nebo,
i u plamtećim valovima
da plešem
ustreljen nečuvenim zanosima
da Bog slobodno diše u meni
i da ne jadikuje
„Sužanj sam u tamnici"!

IZVOR NOĆI

Lepojko,
tako su ti crne oči da s večeri
kad ležim, s glavom u tvom krilu,
čini mi se
da su tvoje oči izvor tame
iz koje žubori noć dolinama
planinama i ravnicama,
prekrivajući zemlju
morem tame.
Tako su tamne tvoje oči,
svetlosti moja.

SHVATIO SAM GREH
KOJI PRITISKA MOJU KUĆU

Shvatio sam greh koji pritiska moju kuću
kao prastara mahovina.
O, zašto sam tumačio vreme i zodijake
drugačije od babe koja kiseli svoju konoplju u bari?
Zašto sam želeo drugačiji osmeh od kamenoresca
koji kreše varnice na rubu puta?
Zašto sam želeo drugačiju namenu,
čitave sedmice,
od zvonara koji ispraća mrtvace na nebo?
Pruži mi ruku prolazniče, i ti koji odlaziš,
i ti koji dolaziš.
Sva zemaljska stada imaju svetačke oreole
oko svojih glava.
Tako sebe volim od sada:
jednog među mnogima
i otresam sebe samog
poput psa koji je tek izišao iz uklete reke.
Neka moja krv teče olucima sveta
neka okreće točkove
na nebeskim mlinovima.
Treptaj sam sreće:
vasceli dan iznad mene
ptičije snage ukazale su u trouglovima
na svetle ciljeve.

RASTU USPOMENE

U sumraku, ima godina otada, grebao sam
uporno
u kori jednog drveta – ime –
malim, neveštim i tankim slovima.
Danas sam slučajno video
kako su slova izrasla prekomerno – džinovski.
Tako ti devojčice, kao mangup, urezuješ
sitno, sitno u moje smerno srce
svoje ime.
I posle mnogo
godina
naći ćeš ga
s dubokim, džinovskim slovima.

PAN

Pokriven svelim lišćem na steni leži Pan.
Slep i star.
Kapci su mu kremen,
uzalud pokušava da trepće,
jer su mu oči zatvorene – kao puževi – preko zime.

Tople kapi rose padaju mu na usne:
jedan,
dva,
tri.
Priroda poji svog Boga.

Ah, Pan!
Vidim ga kako pruža ruku, hvata granu
i blago miluje pupoljke.

Jagnje prilazi čestaru.
Slepac ga čuje i osmehne se,
jer nema za Pana veće radosti
nego da lagano drži na dlanu glavicu jagnjeta
i da mu napipava roščiće poput dugmadi pod mekom
vunom.

Tišina.

Unaokolo pospane pećine zevaju
i njihov zev prelazi na njega.

Ispruži se, kaže sebi:
„Rosne kapi su velike i mlake,
roščići sviću,
a pupoljci sočni.

                    Da li je to proleće?"

MISLI JEDNOG MRTVACA

Ščepao bih vreme za ruku
da mu opipam usporen puls trenutaka.
Šta li se sada zbiva na zemlji?
Teku li iste zvezde u jatima preko njenog čela
a iz mojih košnica
lete li još rojevi pčela ka šumama?

Ti, srce, spokojno si sada!
Da li je prošlo mnogo vremena
okad se novo sunce prelamalo u mojim tesnim

                                             prsima
svakog jutra
a stara patnja svakog predvečerja?
Jedan dan?
Ili možda vekovi?
Svetlost je samo hvat iznad mene.
Cveće mlečnih grudi pritiska ilovaču.
Kada bih mogao
ispružio bih ruku i nabrao bih ga, u buket,
da ga unesem u sebe,
ali
na zemlji možda nema cveća.

Moja misao i večnost su
blizanci.
Kakav li svet danas treperi u valovima dana?
Često me trgne gluva buka.

Da li su to hitri koraci moje voljene,
ili je ona mrtva
već stotine i hiljade godina?
Da li su to njeni mali brbljivi koraci,
ili je možda jesen na zemlji
i zrelo voće pada mi na grob
sočno i teško,
otkinuto sa voćke koja je iz mene izrasla?

U ŽITNOM POLJU

Od mnogog zlata pucaju žitna zrna.
Tu i tamo crvene kaplje makova
a u žitnom polju
devojka
dugih trepavica kao klasje ječma.
Pogledom skuplja snopove nebeske vedrine
i peva.

Ja ležim u senci makova,
bez želja, bez prekora, bez pokajanja
i bez podstreka, samo telo
i ilovača.
Ona peva,
a ja slušam.
Na njenim toplim usnama rađa se moja duša.

LEGENDA

Na vratima raja, blistava
stajala je Eva,
gledajući kako se rane sumraka leče na svodu
i sanjalački
grizla jabuku
koju je, da je iskuša, dobila od zmije.
Iznenada
semenka joj stiže među zube iz prokletog ploda.
Zamišljena Eva ispljune je u vetar
i semenka nestaje u zemlji odakle izniknu.
Jedna jabuka tu izraste – a druge su je sledile
u vekovnom nizu.
A iz kvrgavog i snažnog stabla jedne od njih
majstori fariseji
isklesali su Hristov krst.
Ah, crna semenko, izbačena u vetar
iz belih Evinih zuba.

JA NE GNJEČIM KRUNICU
ČUDA OVOG SVETA

Ja ne gnječim krunicu čuda ovog sveta
i razumom
ne ubijam tajne na koje nailazim
na svom putu
u cveću, u očima, na usnama ili grobovima.
Svetlost drugih
guši čar skrivene neprohodnosti
u dubinama tame,
ali ja,
ja svojom svetlošću produbljujem tajnu sveta
i, kao što svojim belim zracima, drhtavi
mesec ne smanjuje već
povećava noćnu tajnu,
i ja obogaćujem tamni vidik
sveobuhvatnom jezom svete tajne
i sve što je neshvatljivo
pretvara se u još veće neshvatanje
pred mojim očima –
jer ja volim
i cveće i oči i usne i grobove.

DECA

O Gospode!
Tvoja najodabranija deca – deca
Iskidane duše u tvom sjaju:
Oni ne žive u svetu
Koji si Ti stvorio
Već u svetu
Koji su sami stvorili...
Da li ćeš im oprostiti?
Ja to znam:
Znam da ćeš im oprostiti, znam da se raduješ čak i
Hrabrosti
Tvoje stare i dobre i sanjalačke dece...

U PLANINAMA

Pored malog manastira ponoć zatiče
stvorenja zaspala na nogama. Duh vlažne mahovine
hoda udubljenjima.
Sa istoka pristižu leptiri kao sove
da bi u vatrama našli svoj pepeo.
U korenu jela kraj kukutine kletve
pastir sipa zemlju
preko jagnjadi ubijenih od gorskih sila.
Prolazeći rubom,
devojke sa bačija trljaju gola ramena o mesec,
njihovu pustolovinu probija natprirodni
bleštavi prah mesečevog kotura kao roj.
Žuti konji isisavaju so života iz trava.
Tinjajući ispod drveća Bog se smanjuje
da bi crvene pečurke mogle da rastu
pod njegovim leđima.
U krvi ovaca šumska noć je dugačak i težak san.

Na četiri duboka vetra
prodire san u stare bukve.
Pod štitom stena, negde
jedan zmaj očiju uprtih u polarnu zvezdu
sanja plavo mleko ukradeno sa bačija.

DAJTE MI TELO, PLANINE

Samo tebe imam moje prolazno telo
pa ipak
na čelo i u kosu ne stavljam ti belo i crveno cveće,
jer tvoja slabašna ilovača
pretesna je za strašnu dušu
koju nosim.

Dajte mi telo
planine,
mora,
dajte mi drugo telo da istresem svu
ludost!
Zemljo široka budi moje telo
i grudi ovog razjarenog srca
pretvori se u zaklon olujama koje me mrve,
budi amfora mog tvrdoglavog ja!

Tada bi moji veličanstveni koraci odjeknuli
kroz vaseljenu
i pojavio bih se, silan i slobodan
kakav jesam,
zemljo sveta.

Kada bih zavoleo,
ispružio bih ka nebu sva svoja mora
kao snažne, divlje i vrele ruke
ka nebu
da ga obuhvatim,

pojas da mu slomim
i poljubim svetlucave zvezde.

Kada bih omrznuo,
zdrobio bih ispod mojih nogu kao stene
jadna putujuća sunca
i možda bih se osmehnuo.

Ali samo tebe imam moje prolazno telo.

PSALM

Bol mi je uvek bila tvoja skrivena samoća.
Gospode, šta sam mogao da činim?
U detinjstvu sam se igrao s Tobom
i u maštanju, rastavio te kao igračku.
Potom sam počeo da divljam,
pevanja su iščezla,
i, mada mi nikada nisi bio blizak,
izgubio sam te zanavek
i u zemlji, i u vatri, i u vazduhu, i u vodama.

Između izlaska i zalaska sunca
samo sam mulj i rana.
U nebo si se zatvorio kao u mrtvački kovčeg.
O, da nisi više u srodstvu sa smrću
nego sa životom
kazao bi mi. Odatle, gde si,
iz zemlje ili priče govorio bi mi.

Izađi iz trnja, pokaži se, Gospode,
da znam šta očekuješ od mene.
Da uhvatim u vazduhu zatrovano koplje
bačeno iz dubine od nekog drugog da te rani ispod
                                              krila?
Ili možda ništa ne želiš?
Ti si onemeo nepokretni identitet
(a zaokruženo u sebi je opet a)
ništa ne tražiš. Čak ni moju molitvu.

Evo zvezde ulaze u svet
zajedno sa mojim tugama koje pitaju.
Evo noć je bez spoljnih prozora.
Gospode, šta ću otsad?
Svlačim se u tvom središtu. Skidam telo sa sebe
kao odelo ostavljeno na putu.

RAJ U RASPADANJU

Krilati portir drži još opruženu
dršku mača bez plamena.
Ne bori se ni sa kim,
ali se oseća pobeđenim.
Svuda po livadama i njivama
serafimi snežne kose
žedni su istine,
ali vode u bunarima
odbijaju njihova vedra.
Orući bez podstreka
drvenim ralima
arhanđeli se žale
na težinu krila.
Prolazi pored suseda-sunca
golub svetog duha,
poslednje svetlosti gasi kljunom.
Noću goli anđeli
leže u senu zgrčeni:
lele mene, lele tebe,
mnoštvo pauka ispunilo je živu vodu,
jednom će istrunuti i anđeli pod rodnom grudom,
zemlja će osušiti priče
u telu tužnom.

DE PROFUNDIS

Još jednu godinu, još jedan dan, još jedan čas –
i svi će se putevi povući
ispod nogu, ispod koraka.
Još jednu godinu, jedan san, jedno sanjarenje –
i biću u zemlji gospodar
kostura što uspravno spava.

ZAKONSKE TABLICE

Ima dela, nekoliko dela koja stvaramo
bez uzora i saveta ni od koga tražeći uputstva
dela za koja skoro ne verujemo da smo kadri.
Ona nas nadmašuju obuzimajući nas ispunjenjem,
sva prirodna u istoj meri.

Uvek si znao
ruku da pružiš ka plodu koji ti se nudi sa grana
pred duhom koji te poriče i pred vatrom
da zastaneš, braneći se čuđenjem,
i vodu ustima da nosiš kao silu
koju ljubiš pre nego što bude tvoja.

Tako ćeš jednog dana znati da svojim zakonima
pokoravaš biće i usta voljene.
I svojim srcem, kao jezikom zvona,
znaćeš da se suprotstaviš svakom oblaku
koji, tragajući za ciljem, luta visinama i zariva
vatrene igle u crkve.

Razrastaju se dela u nama
kao što vodu prinosiš ustima da je popiješ.
Jednom dok se čelo znoji
krvlju, a nebo – ozvezdano
rosi se svetlošću, znaćeš i u mraku
na koji krst sâm da se popneš i obe ruke o eksere
da okačiš.
I tako, iz veka u vek, svi putevi,
stari i novi, vode pred Boga,
i nikada niko ne zaluta.

BAJKA KRAJ VATRE PRED BAČIJOM

Slušao sam sa neiskazivim čuđenjem
bajku koju mi je u detinjstvu
ispričao pastir
                    kraj vatre pred bačijom.

Igrajući se prebacivao sam s dlana na dlan
usijani žar
priča lagano pastir
o obredu, klopci i o iskustvu zveri sa zverima.

Kada je, na poljani, vuk rastrgnuo
jagnje-oblačić, on ide na izvor
da opere njušku od krvi i oliže
                            šape i tragove.

Zamišljam zver kako noću popravlja
nadahnuti mlaz, kako razbija vodeno oko u ledu
da bi očistila mrlje, tragove, mirise.

Vuk zna, iz drevnog sećanja
svoga semena, da vodi brigu o sebi,
jer krvožedna postaju braća i bližnji kad nanjuše krv.

Nosim u ustima sirovu aromu tvojih
usta. Ni zvezdane kiše neće je oprati.
Iziđem li iz tvrđave, rasturiće me moja braća – vuci!

PORICANJA

Drveće sa granama poričuće spuštenim,
s korom oko unutrašnjeg uzdaha.
Na svim puteljcima ovoga dana
s jesenjim osmehom
sami se raspinju
visoki Isusi na krstovima od jove.

Sa visina padaju otežale ševe
zvučno lijući božanske suze preko njiva.
Pođoh da po putevima
vrebam znake
okruglih i udaljenih celina:
svuda tuga. Poricanje. Završetak.

Na moje zrele tragove
smrt stavlja svoj žuti poljubac
i nijedna me pesma ne pobuđuje
da bivam još jednom.
Učinih jedan korak i šapnuh ka severu:
Brate, živi, ako hoćeš.
Učinih još jedan korak i šapnuh ka jugu:
Brate, živi, ako hoćeš.
Iz moje krvi niko više neće biti pozvan
da počne život
ne, niko više neće biti pozvan.

Putevima vremena odlaze i dolaze
dubokim korakom kao sudbina

bele device i crne device:
nebo nas podstiče
da bivamo još jednom,
da bivamo još hiljadu puta,
da bivamo, da bivamo!
Ali hodam kraj raspevanih voda
lica zaronjenog u dlanove – branim se:
ja ne! Amen.

VEDRINA SVETLO-TAMNOG
I LUČIJAN BLAGA ZAŠTIĆEN NJOME

Lučijan Blaga[1] spada u retke pesnike koji su preusmerili vaskoliku istoriju rumunske književnosti. Od njega se, naovamo, u karpatskim predelima, u najtananijem stepenu iskušava metafizičko osećanje sveta. Njegov bivši student, pesnik i sastavljač znamenite *Panorame savremene svetske poezije,* Anatol E. Bakonski dočarao je fizički portret Lučijana Blage kao čoveka hijeratične aure, kao maga-samotnjaka iz genealogije Zlatne grane, kao poslednjeg povlašćenika nestalih kriptskih riznica koje se prenose noću u tišini i meditaciji.

Nisam imao sreću da upoznam Blagu, ali sam zapamtio va vijeki vjekov emblematični portret koji je on ostavio: *Lučijan Blaga je nem kao labud.* Biografi su zapazili da je to veran portret jer je nesrećni dečak do četvrte godine bio nem. Kasnije će izjaviti da nikada nije mogao da objasni to čudno odvajanje od logosa u prvim godinama detinjstva.

---

[1] Lučijan Blaga (Lucian Blaga) je rumunski pesnik, dramski pisac, esejista, filzof. Zbirkom *Pesme svetlosti* (1919) započeo je stvaralački opus koji za života obuhvata još šest knjiga: *Prorokovi koraci* (1921), *Velika prolaznost* (1924), *Pohvala snu* (1929), *Na prelomu voda* (1933) *Na dvorima čežnje* (1938), *Nenaslućeni stepenici* (1943). Ovim zbirkama pridružuju se, posthumno, ciklusi *Gvozdeno doba* (1940–1944), *Pesma vatre, Lađe od pepela, Šta čuje jednorog.* Od dramskih dela navodimo: *Zamolkse* (1921), *Zamućene vode* (1923), *Majstor Manole* (1927), *Dečji krstaški rat* (1930), *Avram Janku* (1934). Značajnija filozofska dela: *Trilogija spoznaje* (1943), *Trilogija kulture* (1944). U razdoblju soc-realizma preveo je na rumunski Geteovog *Fausta.* Kod nas mu je objavljena dvojezična zbirka pesama *Nebeski dodir* (Prosveta, Beograd, 1975).

Rođen 9. maja 1895. u selu Lankram, koje se nalazi između Sebeša i Alba Julije, Lučijan Blaga je deveto, i poslednje dete, pravoslavnog sveštenika Isidora Blage i Ane Moga. Godine 1908. umire njegov otac a porodica doživljava tešku materijalnu oskudicu. Od 1914. do 1917. student je Teološkog fakulteta u Sibiu, a 1917. upisuje se na Filozofski fakultet u Beču. U austrougarskoj prestonici upoznaje studentkinju medicine, Korneliju Bredičanu, kćerku poznatog političara Koriolana Bredičanua iz Lugoža. Ubrzo počinje prepiska dvoje mladih: zaljubljeni pesnik šalje svojoj dragoj mnoštvo pesama koje će kasnije činiti zbirku *Pesme svetlosti.* Korneliji Bredičanu je bilo veoma stalo da sazna šta drugi misle o Blaginim pesmama pa ih je, u oktobru 1918, poslala u Černauci, univerzitetskom profesoru Sekstilu Puškariju. Posle nekoliko nedelja stigao je odgovor: *Pesme su lepe i njihov autor poseduje božansko nadahnuće.* Januara 1919. Sekstil Puškariju objavio je u listu *Glas Bukovine* opširan i pohvalan prikaz rukopisne zbirke *Pesme svetlosti,* koja će se pojaviti u aprilu 1919. Hroničari su zabeležili da su kralj Ferdinand i kraljica Marija na svom prvom putovanju kroz oslobođeni Erdelj, proveli noć u Sibiu, u hotelskoj sobi u kojoj su se na stočiću nalazile Biblija i *Pesme svetlosti.* Odlazeći iz hotela kraljica je sa sobom ponela Blaginu zbirku. Tako je njegova biografija postajala sve zanimljivija: doktorira u Beču novembra 1920, a decembra iste godine ženi se, u Kružu, Kornelijom Bredičanu. Nižu se pesničke, filozofske i dramske knjige a istovremeno se odvija i njegov diplomatski život u Varšavi (1926–1927), Pragu (1927–1928), Bernu (1928–1932), Beču (1932–1937), Lisabonu (1938–1939). Prvog oktobra 1938. imenovan je za profesora na Univerzitetu u Kružu, na Katedri za filozofiju kulture, čiji je osnivač kralj Karol II. Godine 1936, na kraljev predlog, postaje član Rumunske Akademije. Pristupna beseda mu je *Pohvala rumunskom selu,* za koju se tvrdi da je i danas pravo političko proročanstvo: *Selo u srcu jednog sveta*

dovoljno je samo sebi. Sledi novi „poredak"događaja: iz-
bačen je iz Akademije, a 1948, isključen sa Univerziteta;
knjige mu bivaju zabranjivane. Stanuje u Klužu, kao pod-
stanar. Najteži udarac sudbine doživljava 1956. U Parizu,
Bazilu, Munteanu, podržan od drugih pisaca u izgnan-
stvu, kandiduje Blagu na Nobela. Bez podrške vlasti u
zemlji i hendikepiranom svojim društvenim položajem
bibliotekara-dokumentariste u Klužu, Blagi je nedostaja-
lo dva glasa za dobijanje Nobelove nagrade koja odlazi u
ruke Huanu Ramonu Himenesu. Ali nepravdama ni tu ni-
je kraj: u avgustu 1959. godine, u 20 hiljada primeraka,
uticajni staljinista Mihaj Benjuk piše roman *Na oštrici
noža* u kojem politički raskrinkava Lučijana Blagu tvr-
deći da je antikomunsita, antisemita, hitlerovac, legionar,
a njegov otac sveštenik – kasapin. Ovaj poslednji udarac
ga je dotukao. Razboleo se, a 30. novembra 1960. prene-
sen je u bolnicu u kojoj umire na rukama svoje žene 7.
maja 1961. Sahranjen je u Lankramu, u dvorištu crkve na
isti dan kada je, pre 66 godina, rođen.
  Kažu da je delovao smireno, produhovljeno. Za njega
je tišina bila govor, govor stvari i bića. *Tišina je moj duh.*
Reči koje nisu mogle da uzbude nosile su u sebi mitsko i
magično. U kratkom eseju napisanom u mladosti, s
naslovom *Iskonske reči,* Blaga piše da su pesnici i filozofi
pozvani da tragaju za praiskonskim rečima (pre jezičke
pometnje u Vavilonskoj kuli), koje su činile Adamov jezik
u raju kada ga je Bog primorao da imenuje sva bića. *Ne-
sumnjivo je da je iskušenje pesnika-mislilaca da razgolite
i otkriju čak i božanstvene reči, đavolsko. Ali čini se da se
najlepša i najdivnija ljudska dela ne mogu ostvariti bez
đavola – zapisao je pesnik.*
  Blagina formula jeste da su pesnici pozvani da izbav-
ljaju reči, odnosno da se lirsko delanje sastoji u ponov-
nom davanju rečima njihove mitske i magijske funkcije.
Međutim, nemilosrdna je bila Blagina pesnička sudbina.
Nije imao strane prevodioce po meri svog talenta. Mada
njegova poezija obrađuje klasične teme a njegova poetska

misao je savršeno prevodiva na strane jezike, postoji jedna neobična inkantacija, posebna čarolija jezika, osobena rezonanca njegove filozofske leksike koja se teško može postići u prevodu. Postoji i nepovoljna determinišuća okolnost: da je 1956. dobio Nobelovu nagradu, to bi ga zasigurno smestilo u sasvim drugačiju kulturnu orbitu. Tek stogodišnjica rođenja, proslavljena ove godine, vratila je Blagi legitimna prava. Univerzitet u Klužu dobio je njegovo ime, a Blagin student, savremeni velikan, pesnik Štefan Augustin Dojnaš izabran je za prvog *doctora honoris causa*.

Bez sumnje, Lučijan Blaga je najkompleksnija ličnost rumunske kulture XX veka i najveći pesnik svoje epohe, koji može da stane rame uz rame sa Mihajom Emineskuom (1850–1889). Po završetku Prvog svetskog rata, Lučijan Blaga je pokretač moderne rumunske lirike, uz Tudora Argezija, Jona Barbua i Dorđa Bakovije. Dok su ova trojica bili nastavljači francuskog simbolizma i hermetizma, Blaga, naprotiv, piše poeziju ekspresionističke inspiracije, što je odgovaralo duhu s početka veka, naročito u nemačkom evropocentričnom kulturnom prostoru. U dosluhu sa velikim glasovima ekspresionizma prvih dekada veka, Blaga je modernom ekspresionističkom komponentom obogatio ne samo rumunsko pesništvo, već i sam evropski ekspresionizam, metaforama svog lirskog senzibiliteta. U tom smislu, njegova filozofska kultura modernog tipa plodotvorno se oslanjala na elemente koji su poticali iz tradicionalne rumunske lirike. S druge strane, svoju kompleksnu pesničku ličnost, Blaga umnogome duguje dvojici starih majstora: Geteu (za celokupnost njegovog dela) i Ničeu (za svoja lirska debitovanja). Zato se i čini da je Blaga najevropskiji od svih rumunskih pesnika. Uz to, on je sjajna moralna paradigma: dok su skoro svi značajni rumunski pisci skloni da šuruju s diktatorskom vlašću posle 1945, Lučijan Blaga je ostao dostojan, čist, duhovno uzvišen i plemenit. Etički, filozofski, poetski, Blaga može poslužiti kao model piscima našeg doba.

Tokom vremena odnos prema Blagi, kao pesniku i filozofu, razmatran je različito. U početku je vladalo mišljenje da mu je filozofija isuviše pod uticajem njegovog pesničkog stila i čiste pesničke kreacije, kao i veliki deo koncepata njegovog filozofskog sistema *(Veliki Anonimus, Božanstvene diferencijale, Transcendentalna cezura, Mioritski prostor* itd.*)* Kasnije su priznali da je njegova filozofija sistem velike unutrašnje koherentnosti, zupčanik solidnih temelja, i da filozof poseduje ogromnu naučničku kulturu. Drugo mišljenje, takođe u opticaju, u vezi sa njegovim prvim pesničkim knjigama jeste da je filozof previše uticao na pesnika i da su zato Blagine zbirke pesama lirske transpozicije sopstvenih filozofskih ideja. To mišljenje palo je u vodu pojavom zbirke *Nenaslućeni stepenici* (1943) i potpuno je odbačeno danas kada ga posthumni stihovi, ispevani u poslednjim godinama života prikazuju kao pesnika čistote, velikog lirskog senzibiliteta, duboke inspiracije, prvenstveno u ljubavnom pesništvu. Po mom mišljenju, u Blaginom stvaralaštvu postoji ravnoteža između filozofskih koncepata i poetske imaginacije. Blaga je pesnik-filozof, ali njegove filozofske ideje ne zasenjuju poetske. Kao Šopenhauerov, Bergsonov i Ničeov, i njegov stil poseduje izuzetne književne kvalitete, te nije slučajno Emil Sioran još 1934. godine, u kratkom eseju, *Unutrašnji stil Lučijana Blage* primetio da se taj stil odlikuje vedrinom svetlo-tamnog. *To je ključ za čoveka i njegovo delo kojim ćemo otvoriti skrivene odaje duše i otkriti strah ispod tišine, beskonačnost ispod forme, tajnu ispod jasnoće. Da se ne misli da su Blagin mir, oblik, jasnoća jednostavno prividi. Istina je da ovi „prividi" spadaju u njegov unutrašnji stil, individualizuju ga i specifično konfigurišu.* Dajmo Sioranu za pravo.

Spajanjem dveju velikih težnji pesnik gradi svoju stvaralačku ličnost: jedna je racionalistička i objašnjava suštinska pitanja ljudskog bića – svetlu viziju blistavih aspekata kosmosa, a druga je težnja njegovog duha da otkrije dno senki postojanja prema svemu opskurnom i čudesnom u našoj zemaljskoj stvarnosti. Stari i novi mitovi, simboli rumunske i univerzalne kulture, jeresi i narodna verovanja, drhtaji religioznog i magičnog, sve se harmonično sliva u njegovu *Opera Magna*.

Odlučio sam da naslov ovog izbora bude *Božja senka* jer je Blagina religioznost nesumnjiva, mada nije hrišćanska, srodnija je paganskom panteizmu, čime pesnik potvrđuje prisustvo dubokih korena evropskog duha u slojevima moderne rumunske civilizacije.

Petru KRDU

UNUTRAŠNJI STIL LUČIJANA BLAGE

Jedan mađarski filozof je nekada definisao život kao anarhiju senki i svetlosti, misleći svakako na nesređenu projekciju senki i svetlosti, na nekonzistentno mesto preuveličano do dramatičnog, koje sprečava disocijaciju i autonomiju da bi sjedinilo značajne elemente bića u čudnoj konfuziji.

Zašto mi, kad mislim na Lučijana Blagu i njegovo celokupno stvaralaštvo, ponovo pada na pamet uznemiravajuća definicija života? Da li je to zbog toga što je anarhija iz dubokih slojeva postojanja našla odgovarajući izraz i izbistrila uzburkanost? Da li nam on stvara sliku frenezije senki i tame ili, naprotiv, sliku jasnoće u oluji? Pripada li karakteru života ta oscilacija, to neprekidno njihanje koje od svetlosti i tame gradi recipročne granice. Živimo u tamno-svetlom, odnosno u *prirodnoj* sudbini tragedije. Možemo da se preobličimo bilo pojačavajući do paroksizma tenziju koja je organski uključena u svetlo-tamno, eksploatišući do ludila dramatične vrline ovog dualizma, bilo razvedravajući se, poprimajući *oblik* u konfuziji, smirujući oluju samoograničenjem. Ostala rešenja spadaju u mediokritetstvo.

Unutrašnji stil Lučijana Blage odlikuje vedrina *svetlo-tamnog*. To je ključ za čoveka i njegovo delo, kojim ćemo otvoriti skrivene odaje duše i otkriti strah ispod tišine, beskonačnost ispod forme, tajnu ispod jasnoće. Da se ne misli da su Blagin mir, oblik, jasnoća jednostavno prividi. Istina je da ovi „prividi" spadaju u njegov unutrašnji stil, individualizuju ga i specifično konfigurišu. Postoje ljudi koji zaziru od sopstvenih dubina i koji moraju da se zaogrću svojim pobunama iz srži svojih bića, da ih zaokruže, ali da ih ne maskiraju. Takvima pripada i Blaga. Spokojstvo, forma, jasnoća nisu poželjni, namerno traženi, već izviru iz logike jednog načina bitisanja. Ovi „prividi" su mu sastavci. Otuda je ova napomena toliko važna za razumevanje Blage: pretapanje muzikalnog u likovno, ili, drugim rečima, beskonačnosti u formu. Sve što je neprimetna fluidnost, beskrajan tok, početak raspadanja i iskušavanje ambisa, sve što je lebdeće u vazduhu i neodoljivo dobija oblik, kristalizujući se u ravni i granice. Muzikalno u nama je naše veliko iskušenje, jer muzika nas čini neodgovornim. (Otuda njeno demonsko svojstvo). Preobraćanje muzikalnog u likovno objašnjava zašto se pri prvom čitanju Blage stiče utisak *indirektnog* manira osećanja i razmišljanja, zašto se sugeriše slika kontakta koji je *produkt* stvarnosti. U stvari, proces nastašanja je veći i reakcija je kontrolisanija, naročito u ponašanju muzikalne duše, koja odmah i snažno vibrira na spoljne provokacije. Muzikalna duša hvata vibracije neposredne stvarnosti; ekstaza muzikalnih duša je čista ekstaza. Ono što u Blaginoj duši nije muzikalno dostiže samo intelektualnu ekstazu objašnjavajući racionalizam njegove ekstatične vizije, kao i deduktivni način tajne ne poričući da filozofija tajne ne proizilazi iz njegovog intmnog iskustva.

Uobličavanje beskonačnosti, odnosno način na koji mislilac romantičnih tema nije romantičan...

Svet oblika ima mnogo važniju ulogu u njegovoj viziji nego što izgleda. Konstruktivni elemenat pojednostavljuje polet, ogoljuje neodoljivi i osvajački pokušaj i preuzima zadivljujući asketski izgled pred poslednjim pitanjima.

Lučijan Blaga ne bi dospeo do ekstatičke spoznaje da nije doživeo intimno iskustvo tajne. Intenzitet ekstaze uvećava se sa veličinom tajne. Nemogućnost da se tajna umanji i bude preobraćena u netajnu glavni je karakter ovog mišljenja koji otkriva svet pod uglom tajne, odnosno onoga što ne može biti otkriveno. Devitalizujućoj snazi duha, pustošećoj aktivnosti intelekta – kao što nam otkriva vitalizam jednog Klagesa, koji u ekstremnoj formi podržava dualizam život-duh, zadržavajući ova dva pojma u najkategoričnijoj ireduktibilnosti – Blaga suprotstavlja nemoć intelekta da preobrati tajnu u netajnu. Ova je tvrdnja veoma zanimljiva jer atakuje na vitalizam koji se odomaćio, a ne na elemente njegove perspektive. Intelekt je izolovan od svoje nemoći metafizičkog razdevičenja. Prisustvo tajne ograničava u svetu destruktivno dejstvo intelekta i demaskira iluzije logocentrizma.

Vitalizam otkriva tajnu u samoj suštini života. Struktura vitalnosti i iracionalno nastajanje životnih sadržaja nepristupačni su našem shvatanju. Čitav demonizam rođenja uočavamo i naslućujemo u tajanstvenoj ritimici naše unutrašnjosti. Vitalizam implicira, na mogući način, iracionalizam i dionizijsko iskustvo sveta. Po Blagi, tajna nije u suštini života kao takvog, već negde dublje, u postojanju koje obuhvata život samo kao *trenutak* dijalektike. Henrich Rickert u jednoj oštroj kritici vitalističke filozofije ukazuje da vitalizam ostvaruje nepravednu apsolutizaciju jednog jedinog aspekta bića, pa poslednja pitanja transcendiraju sveobuhvatno polje života, tako da metafizika života nije drugo do samo jedan stepenik. Posmatrajući analitički i spolja, ovakve su zamerke nesumnjivo važeće. Ali u dodiru sa tajnom, približavanje apsolutu nam se daje u afinitetu i vibracijama iracionalne prirode. Otkrovenje života kao apsoluta, sudbinski i zauvek dato, tako je intimno i neposredno da svaka racionalna primedba postaje irelevantna. Čak ako bi život bio i samo jedan trenutak u dijalektici postojanja, čini mi se da ne bi skrivao manje tajni. U materiji se krije smanjena i degradirana misterija, a u duhu, produktu izvedenom iz dugog života, misterija je njegov daleki refleks.

Prema pitanjima filozofije života, Lučijan Blaga nema direktne afinitete. Uprkos tome, postoji u Blaginom delu nešto iz atmosfere pitanja ove vrste koja pripadaju određenoj viziji početaka i kraja. Naročito je njegova poezija takvo solidarisanje sa primarnim životnim oblicima i čudesno shvatanje sutonskog, tako da iz njihovog stapanja proizilazi isti uporni utisak vedrine u svetlo-tamnom. „U

71

snu, moja se krv, poput vala, povlači iz mene nazad, u roditelje." „Na moje zrele tragove smrt stavlja svoj žuti poljubac – i nijedna me pesma ne pobuđuje da postojim joj jednom." „Tuđe se osmehujući, začaran, penjući se / u središte njegovo ispunjava me čuđenje."

Blaga nije tradicionalista, jer nema *istorijski* osećaj nastanka jednog naroda, već, reklo bi se, njegovu telursku viziju, odnosno podataka i prvobitnih komponenata, inicijalnih izvora jednog naroda. I kao što filozofija života polazi od mistike vitalnih izvora, i Blagin anitiistoricizam izveden je iz mistike telurskih i predistorijskih elemenata. On je govorio o pobuni našeg nelatinskog jezičkog fonda i precizirao premise svoje autobiografije. Ako je u Emineskuu buknuo slovenski element njegove moldavske duše, u Lučijanu Blagi buknulo je ne manje ono što je germansko u psihologiji Erdelja. Ne misli se toliko na afinitete krvi, koliko na neizmerljivost koja određuje savest da gravitira ka suštini jednog naroda ili jedne rase. Ko se nije, čitajući Blagu, osećao kao lutalica po ma kom starom nemačkom gradu, u vedrim noćima, sa hladnim i nepokretnim zvezdama, ko se nije grčio u sebi, na tesnim i vanvremenim ulicama, obuzdano melanholičan i obuzet sanjarijama, taj nema odgovarajuću predstavu, ni šemu i potrebnu podstrukturu dubokog shvatanja. Kod Lučijana Blage volim njegov živi kontakt sa mrtvim stvarnostima. Mislim da se ne varam, tvrdeći da on stvari više *čuje* nego što ih vidi. Osećaj prisustva sveobuhvatnog izbija iz njegove poezije toliko da se moramo upitati da li kod njega stvari govore. Intimna rezonanca bića suptilizuje se u univerzalnoj vibraciji. U filozofskom opusu, prve reakcije prema svetu nalaze suštastvenu transformaciju, udaljavanje i izdvajanje, tako da se paradoksalni utisak *otpornog sveta* postavlja između ekstatičkog otkrovenja misterije i proisteklog intelektualnog izgrađivanja. Svet oblika zaogrće se u neizrecivost snažnih intuicija iz straha od subjektivizma, iz egzaltacije, iz bojazni od izolacije sopstvenih vizija. Da je Lučijan Blaga mnogo patio, njegova metafizika bi nesumnjivo postala čista mistika.

72

Erdeljsko u Lučijanu Blagi ispoljava se u diskreciji i poletu koji izvire kako iz čoveka tako i iz njegovog dela. Rumun je, uglavnom, skeptik, temperamentan i ironičan. Čar Lučijana Blage proizilazi iz naivnosti, iz čudesnog dara koji često srećemo kod intelektualaca, ali je rumunski intelektualac nje lišen, jer je razočaran i bez problema, skeptičan i neuznemiren, ironičan i bez tragizma, temperamentan zbog razdraženosti, a ne iz vulkanske prirode.

Lučijan Blaga je prvi Erdeljac koji je postavio sebi pitanja izvan praktičnog i militantnog domena nacionalne istorije. Do njega su svi bili borci. Njegov način razmišljanja i lični senzibilitet su, bez sumnje, značajni za duh kojim se Erdelj individualizovao u Rumuniji. Blagin unutrašnji stil je ozbiljno pobijanje tobožnjeg prakticizma i erdeljskog pozitivizma. To ne znači više do tehničku i konstruktivnu strast u psihologiji Nemaca. Budući da se uzdigao na najviši nivo, u svim oblastima u kojima se ostvario, Lučijan Blaga je najkompleksnija ličnost Rumunije.

U anarhiji svetlo-tamnog još jednom vidim razvedravanje između svetlosti, senki i svesti, živeći u miru sa strahom, sagledavajući u obliku – beskrajnost, a u jasnoći – misteriju.

Emil SIORAN

(Preveo Petru Krdu)

SADRŽAJ

Izdavačko preduzeće
RAD
Beograd, Moše Pijade 12

*

Glavni urednik
JOVICA AĆIN

*

Za izdavača
ZORAN VUČIĆ

*

Lektor i korektor
MIROSLAVA STOJKOVIĆ

*

Tehnički urednik
ĐURO CRNOMARKOVIĆ

*

Nacrt za korice
JANKO KRAJŠEK

Realizacija
ALJOŠA LAZOVIĆ

*

Priprema teksta
Grafički studio RAD

*

Štampa
ZUHRA, Beograd

CIP – Каталогизација у публикацији
Народна библиотека Србије, Београд

859.0-1

БЛАГА, Лучијан
      Božja senka / Lučijan Blaga ; [izbor, prevod i
pogovor Petru Krdu]. – Beograd : Rad, 1995 (Beograd :
Zuhra). – 76 str. ; 19 cm. – (Reč i misao ; knj. 462)
Vedrina svetlo-tamnog i Lučijan Blaga zaštićen njome:
str. 63–68. – Str. 69–73: Unutrašnji stil Lučijana Blage /
Emil Sioran.

ISBN 86-09-00410-4
929:82 Блага Л.
a)   Блага Лучијан (1895–1961)
ID=41379852